NEUROMARKETING EN TU NEGOCIO MULTINIVEL

El Método Infalible Para Tener Éxito Y Duplicarlo En Tus Redes De Mercadeo

Rixio Jesús Abreu Rodríguez

Mentor & Coach.

Experto en crear, desarrollar y hacer crecer negocios por Internet con satisfacción garantizada.

¡¡IMPORTANTE!!

Así pues, buen trabajo y mejores Éxitos.

Tabla de Contenidos

AGRADECIMIENTOS

Quiero agradecer a todas aquellas personas que de una manera u otra, han formado, forman y formarán parte de mi VIDA.

¡Infinitas GRACIAS Hoy y Siempre!

INTRODUCCIÓN

Hola, te saluda Rixio Abreu y quiero darte las gracias por estar aquí y ahora, compartiendo esta porción de tu valiosísimo tiempo conmigo.

Antes que nada, quiero darte la enhorabuena por haber adquirido este libro en el que te voy a compartir unas estrategias que, una vez implementes en tu propio negocio, te van a permitir de una manera decisiva, poder vender sin vender y generar altos ingresos y cuando te hablo de altos ingresos, pueden ser cuatro cifras, cinco cifras o seis cifras.

En este libro te quiero revelar las bases, los cimientos del NeuroMarketing y cómo influir en el cerebro decisor de las personas para que tomen acción, decidan y te compren tu producto, se afilien contigo en tu negocio multinivel o empiecen a desarrollar cualquier relación o vinculo comercial contigo.

Estás a punto de descubrir la ciencia que hay detrás del Network Marketing y cómo hacer tu negocio más efectivo desgastándote menos a través del conocimiento de la mente humana y sobre todo del comportamiento de las personas, porque es ahí donde voy a poner los puntos sobre las íes.

Lo que realmente me encantaría es que, una vez apliques todo cuanto te voy a revelar, te convirtieses en el próximo caso de éxito en el negocio que estés desarrollando, porque lo que estoy a punto de compartirte es aplicable a cualquier nicho de mercado donde se produzca una relación de compraventa.

A mí me encanta decir que no vendemos, sino que somos "gestionadores" de una compra.

¿Por qué?

Porque cuando tu percepción de lo que es una venta cambia, realmente cambia tu enfoque, cambia tu estrategia, cambia tu

11

fisiología, cambia tu actitud ante la venta y por supuesto, cambian tus resultados.

En este libro te voy a hablar de NeuroMarketing, de redes de mercadeo, de Networking y de lo que he denominado Neuro MLM, que simplemente son todos estos conceptos aunados y enfocados para lograr el éxito, para lograr los resultados.

Y para ello, como todo en la vida, primero te voy a tener que hablar de los principios básicos, de cómo influye esta disciplina para incidir en ese cerebro reptiliano, en el decisor de las personas.

El 85% de las decisiones que tomamos a diario son inconscientes, vienen de nuestro subconsciente y por lo tanto están determinadas por las improntas, por nuestras creencias y por nuestros valores.

Si a todo esto le unes que somos unos seres miedosos, que vivimos preocupados por cosas que son inciertas y que no sabemos si van a pasar y además no tenemos satisfechas nuestras necesidades básicas, nuestra vida es un caos y eso se transmite a las personas de las que nos rodeamos.

Por eso, si hasta ahora has sido una de las muchas personas que no saben por qué no están teniendo los resultados que desean, debes saber que lo que está sucediendo realmente es que no estás transmitiendo en la frecuencia adecuada y cuando no transmites en la frecuencia adecuada, es imposible que las otras personas capten y sobre todo sientan, el mensaje que les quieres transmitir.

Seguro que tú, querido/a lector/a, que estás leyendo este libro en este momento, quieres saber cómo poder reclutar más personas, cómo fidelizar a las personas en tu equipo y en definitiva, cómo incrementar tus ventas y tus resultados, sin tener que desgastarte, sin tener que estar de reunión en reunión, sin tener que estar persiguiendo a familiares y amigos...

Yo lo he vivido en carne propia, porque llevo ya muchos años desarrollando negocios multinivel, negocios de afiliados y he tenido que pasar por todo el proceso en el que me he caído varias veces junto a mi equipo, nos hemos levantado, nos hemos recompuesto y hemos aprendido la lección y eso es lo que quiero compartir en este libro contigo.

Debes saber que aunque sea yo la persona que está hablándote a través de estas líneas, hablo en representación de todo un equipo con más de 300 personas como miembros activos y estamos encantados porque manejamos el conocimiento, manejamos unas estrategias y manejamos una manera de hacer negocios por internet, que voy a compartir contigo.

Todas estas estrategias y principios básicos vas a poder implementarlas sin importar el tipo de negocio que estés desarrollando.

Eso sí, como siempre digo, "la pelota está en tu tejado" y tú y solamente tú serás el/la único/a responsable del grado de implementación que le dediques y por ende, del nivel de tus resultados.

Así que, si estás dispuesto o dispuesta a quemar los barcos, a tirar con todo y a conquistar tu cima, estás en el sitio correcto.

Comenzamos...

¿NEUROMARKETING? ¿Y ESO QUÉ ES?

El NeuroMarketing no es una ciencia aislada como tal, sino que se basa en los estudios y en los aportes filosóficos y las pruebas científicas de diferentes áreas del conocimiento, como el área biológica, la semiótica, la neurociencia, la psicología y la antropología.

En NeuroMarketing lo que estamos estudiando es la conducta humana o qué es lo que piensa tu prospecto, tu suscriptor o esa persona que está en contacto contigo cuando le ofreces una oportunidad de negocio, le ofreces mejorar su calidad de vida, le ofreces perder peso, tomarse una café más delicioso o unos batidos para mejorar su salud.

En definitiva, cuando le ofreces cualquiera de los productos maravillosos que se comercializan a través del Networking, como lo conocemos a día de hoy.

Un concepto que quiero que tengas muy en cuenta, es que el Neuro MLM o el NeuroMarketing se basa en la capacidad de generar valor a tus prospectos o socios.

Si no eres capaz de generar valor a tus prospectos, a tus socios, a tus distribuidores, a tu equipo o a las personas que están desarrollando una labor contigo, como siempre digo, "estás muerto y enterrao" porque si no generas un valor asociado a la oportunidad de negocio que estás desarrollando, no estás creando los vínculos necesarios para que se produzca un negocio saludable a lo largo del tiempo.

Recuerda que si no eres un/a generador/a de valor y solo vas tras las comisiones, que es lo que en muchos multiniveles o lo que muchos negocios de afiliados se llama el bono de inicio rápido, no vas a lograr los resultados.

Esto no se trata de ser más rápido/a en los cien metros lisos, de lo que se trata es de ganar el triatlón, de mantener un ritmo constante y llegar a tu cima.

En el Neuro MLM, lo que vas a hacer es usar el conocimiento y el comportamiento humano a favor de tu negocio.

Me he planteado cuatro objetivos a la hora de escribir este libro:

Que te conviertas en un/a patrocinador/a, innovador/a y que agregues valor sí o sí a tus prospectos o tus suscriptores.

Que te desgastes menos y produzcas más.

Que no te frustres o que tu nivel de frustración disminuya, que disfrutes en el camino.

Y sobre todo, que sientas orgullo de la profesión o del negocio que estás desarrollando, porque si no te sientes orgulloso/a, si no sientes que formas parte de esa tribu o de esa generación, de esas personas que están desarrollando un modelo de negocio, nunca vas a brillar con todo tu potencial.

Hay cinco puntos esenciales que tienes que comprender, que tienes que grabarte entre tu oreja derecha y tu oreja izquierda, porque estos cinco peldaños van a marcar un hito en tu vida.

Son cosas fáciles que seguramente habrás visto muchas veces, pero que yo ahora traigo a tu conciencia para que realmente seas consciente de estas cuestiones.

Lo que tú vendes, otro ya lo vende

Simple, sencillo y obvio.

Tienes que ser consciente de que tienes que diferenciarte.

La gente, las personas, los prospectos, los suscriptores, tienen que saber por qué están contigo.

Si vendes el batido N2 y otro compañero de profesión en la misma empresa vende el mismo batido N2, ¿qué les das tú que no le dé tu compañero si vendéis el mismo producto?

A eso se le llama "Diferenciarse", marcar la diferencia, agregar valor.

Nada se vende solo

Recuerda lo que te decía antes, cuando hablo de vender, más bien estoy hablando de gestionar una compra.

Más adelante vas a ver lo ideal que es vender a través de la satisfacción de una necesidad básica y evitando un miedo en específico, así que recuerda que nada se vende solo.

Desde el día cero de tu vida, incluso cuando estás en el útero de tu madre, ya vendes, das pataditas para llamar la atención.

Cuando te hacen una ecografía en 3D o en 4D, en 4K (o en la definición que la hagan), cuando sonríes, cuando te mueves, tu cerebro reptiliano está gritando *"aquí estoy, préstame atención, soy un ser que te va a hacer feliz y que de aquí en adelante estaré vinculado a ti durante el resto de nuestras vidas"*.

Así que recuerda que desde el útero de tu madre estás vendiendo, solo que no eres consciente del poder que tienes entre manos.

Puedes vender de dos formas

Esta me encanta.

Por ejemplo, yo vendo una goma de borrar y la goma de borrar tiene un precio de venta al público: vale 3 euros.

Yo la puedo vender en 3 euros o también puedo venderla por un valor simbólico.

¿Qué quiere decir esto?

Que yo te ofrezco mi producto a 3 euros, pero si me lo compras te agrego bonos, te doy una visita a mi casa, te doy unas vueltas en mi coche, te doy unas palmaditas en la espalda, te saco los gases, te saco el perro a pasear, te digo lo guapo que eres y el tipo que tienes...

A eso me refiero.

No puedes vender algo y ser un/a "soso/a" vendiendo y si viene un cliente que está interesado en tu producto y decirle, *"esto vale 3 euros, ¿quieres borrar sí o no? ¿Te la llevas o no?"*, como si te diese lo mismo.

A nosotros, los que estamos en el Network Marketing, no nos da lo mismo, nosotros amamos que nos compren, amamos tener resultados, porque si no, no estaríamos haciendo Network Marketing, estaríamos haciendo otra cosa.

Puedes vender de dos formas, en el modo "soso" o en el modo encantador, en el modo proactivo, en el modo que marcas la diferencia y atacas directamente al cerebro decisor.

¿Por qué?

Porque agregas valor masivamente.

Así que recuerda, tienes dos maneras de vender, en base al precio o vender a través de lo que se denomina el valor simbólico, que es agregando valor con una actitud proactiva, sacando el mayor partido de los beneficios de tu producto y sacando tu mejor versión.

Porque tú marcas la diferencia cuando dos personas estáis ofreciendo el mismo producto. Incluso si los dos ofrecéis el mismo producto, los mismo bonos, pero tu actitud es mucho más proactiva, es mejor, es más tomadora de acción, es más simpática, es evidente que quien se llevará el gato al agua serás tú, porque tu actitud y tu forma de ser, marcarán la diferencia.

Si quieres emprender tienes que saber vender

Y vender no es venderle a la persona, sino venderle a la mente, a ese cerebro decisor, a ese subconsciente que está marcado por una serie de improntas, que está delimitado por un inconsciente colectivo.

Más adelante te hablaré acerca de estos términos.

Debes entender al ser humano

Debes entender al ser humano y su comportamiento porque es la clave para crear legiones, para crear equipos, para crear organizaciones con un crecimiento orgánico y exponencial, que es lo que te va a llevar a tu cima.

No estás aquí para actuar como las hermanitas de la caridad, estás aquí para arrasar, para tener resultados y para elaborar lo que te has propuesto y para ello, es evidente que tienes que darlo todo.

Debes ofrecer tu mejor versión siempre, te tienes que formar y has de tener estos conceptos, que son básicos, claros como el agua.

¿QUÉ NOS MUEVE A HACER LO QUE HACEMOS?

Hay algo que es fundamental y que tienes que tener muy claro.

El ser humano funciona de acuerdo a dos fuerzas que son innatas, que son inconscientes y que vamos aderezando con el tiempo a través de las creencias que nos van inculcando y las improntas que van creando las diferentes situaciones que vivimos a lo largo de nuestras vidas.

Estas dos fuerzas son los miedos y las necesidades básicas del ser humano.

El ser humano siempre está en una balanza y se mueve para obtener placer y evitar dolor, solamente cuando se nos produce una alteración en los neurotransmisores o en algunas sustancias químicas a nivel del cerebro.

Nos empeñamos en auto agredirnos y en vivir en nuestra zona de dolor, pero lo normal es que el ser humano tenga una fuerza que lo movilice siempre hacía obtener placer.

Y muchas veces es esta obsesión de obtener placer la que nos mantiene en la zona de confort, porque es inherente al crecimiento, el vivir o experimentar situaciones que en algún momento puedan ser dolorosas.

Con respecto a las necesidades básicas, no voy a extenderme mucho, pero te quiero dar un dato, la satisfacción de las necesidades básicas del ser humano es el motor decisivo para que las personas avancen, logren sus resultados y realmente conozcan, sepan y entiendan o tomen conciencia de por qué pensamos lo que pensamos, hacemos lo que hacemos y obtenemos los resultados que obtenemos.

Aquí juegan un papel fundamental las necesidades básicas y los miedos en sus diferentes niveles o sus diferentes vertientes.

Hay seis necesidades básicas para cada ser humano, pero debes tener muy claro que para ti puede ser lo más importante, tener conexión y sentirte amado/a, pero para tu vecino, por ponerte un ejemplo, puede serlo contribuir al mundo.

Es decir, quizá tu vecino quiera ser una persona tipo María Teresa de Calcuta y dar a los demás sin miramientos y en cambio tú lo que necesitas es amor y conexión.

Así pues, vamos a conocer...

Las Necesidades Básicas

Certeza (Seguridad)

Generalmente, tanto tus pensamientos como tus decisiones y tus resultados están determinados por las primeras dos o tres necesidades básicas más importantes en tu vida, ¿qué quiero decir con esto?

Que todas las personas necesitamos sentirnos seguros.

Que puedas tener alimento, que puedas tener una casa, que puedas relacionarte, que puedas interactuar...

Es decir, que puedas tener una seguridad en este plano físico, es fundamental.

Variedad (Sorpresa)

Todas las personas necesitamos vivir algún grado de variedad o sorpresa en nuestra vida.

Que de repente te den un regalo, que te inviten a un sitio que no conozcas, que tengas una llamada de teléfono de una persona inesperada...

A eso me refiero con variedad (sorpresa), porque esto es la pimienta de la vida.

Conexión/Amor

Todas las personas necesitamos en un grado mayor o menor, sentirnos conectados con la tribu, sentirnos queridos, sentir que estamos vinculados o conectados con otras personas que para nosotros son importantes.

Significado/Reconocimiento

Todas las personas necesitamos sentirnos reconocidos, sentirnos importantes, que nuestros iguales vean en nosotros características de importancia, de significado, de que estamos vinculados y que es necesario para la supervivencia del clan o de la tribu.

Estas primeras cuatro necesidades básicas son las más mundanas dentro de las seis porque las dos restantes, la necesidad de crecer continuamente y la necesidad de dar y contribuir al mundo y crear un legado, son necesidades mucho más espirituales.

Así que, cuando dices: *"Es que siento un vacío, no me siento lleno, me falta algo"* y resulta que tienes casa, comida, coche, personas que te quieren y que te hacen sentir importante, realmente lo que estás teniendo es un desequilibrio en estas necesidades básicas.

O quizá tengas también algún desequilibrio en tus miedos que te está creando esa sensación de vacío y de impotencia que no te deja evolucionar y liberar todo el potencial que tienes dentro.

Los Miedos

Con respecto a los miedos es importante que sepas que hay diferentes niveles de miedos.

Los seis miedos básicos son:

Miedo a la pobreza extrema

Nadie en su sano juicio desea no tener nada, excepto las personas que tienen un desarrollo extremo de la necesidad básica del "dar".

Sin embargo, estas son personas que suelen tener equilibradas sus otras necesidades, por lo tanto, no llegan a una pobreza extrema.

Lo importante es que sepas que entre los principales miedos básicos tenemos miedo a la pobreza extrema.

Miedo a la vejez

Nadie quiere envejecer y esto es algo inexorable, ya que desde que nacemos estamos envejeciendo.

Miedo a la muerte

Desde que estamos en el útero materno hay células de nuestro cuerpo que están muriendo, por lo tanto, es algo que es inevitable.

Tu cuerpo y tus células, cuando no están creciendo están muriendo.

Miedo a perder el amor de alguien

Otro de los miedos más importantes es el miedo a perder el amor de alguien, a sentirte aislado/a, que no formas parte de una tribu y que no tienes un clan u otro grupo de iguales.

Miedo a la crítica

Este es un miedo muy básico también, el miedo a la crítica, al qué dirán, al diagnóstico o a la aprobación de otras personas.

Muchas personas tenemos miedo a lo que otra persona opine acerca de lo que hacemos. Recuerda que siempre estás dando lo mejor de ti, lo mejor que sabes hacer, así que para qué te vas a preocupar de lo que el otro piense.

Lo que tienes que hacer siempre es sacar tu mejor versión.

Miedo a la mala salud

Otro de los miedos básicos es tener miedo a enfermarse, a tener mala salud.

Si te das cuenta, los miedos básicos no los podemos controlar.

Puedes controlar tu poder decisión, tu poder de enfoque, tu lenguaje, tu fisiología en mayor o menor manera, pero no tienes un control al 100% de si vas a llegar a la pobreza extrema o no.

No puedes controlar el paso del tiempo en tu cuerpo, no puedes obligar a nadie a que te ame, no puedes decidir que no vas a morir, no puedes evitar que otra persona te critique y el hecho de tener mala salud es un resultado.

Estos son los miedos básicos, los miedos que todas las personas en mayor o menor medida tenemos.

También hay un orden de jerarquía dentro de los miedos para cada persona, pero los miedos fundamentales son:

Sentir que no eres capaz de lograr tus objetivos y tus metas.

Sentir que no tienes el conocimiento suficiente para lograr lo que te has planteado.

Sentir que no vas a poder gestionar una situación en concreto en tu vida.

Todos o la mayoría de los miedos que tenemos se agrupan de esta manera, así que imagínate lo básicos que somos.

Entre el 80 y el 90% de las personas tienen estos miedos e incluso el miedo al éxito, el miedo a no saber gestionar un equipo, el miedo a no saber gestionar el éxito... Muchas veces tenemos miedo a ganar dinero porque no sabemos luego si lo vamos a poder aumentar o si lo perderemos.

Graba a fuego en tu mente estos miedos básicos y recuerda que son miedos de nuestro reptil, de nuestro cerebro instintivo, que es realmente lo que nos hace saltar y lo que nos hace mantener en pie de guerra, vivos y coleando.

Recapitulando

Los miedos más básicos son:

Sentir que no eres capaz de lograr tus objetivos y tus metas.

Sentir que no tienes el conocimiento suficiente para lograr lo que te has planteado.

Sentir que no vas a poder gestionar una situación en concreto en tu vida.

Una vez que conoces tus miedos y estudias tus creencias, tus valores y tu mapa mental, sobre los que se asientan estos miedos, te das cuenta de que nosotros somos los únicos que nos limitamos, que los únicos que estamos allí poniéndonos palos continuamente en nuestro camino y obstáculos en nuestro transitar, somos nosotros mismos, que no dejamos que salga toda la luz que tenemos dentro.

Una vez que conozcas tus miedos básicos y tus necesidades básicas y los coloques en el orden de jerarquía correspondiente, es decir, cuál es tu necesidad básica número uno, número dos, número tres, etc. Vas a entender por qué piensas lo que piensas, haces lo que haces, tomas las decisiones que tomas y vas a descubrir por qué tienes los resultados que estás teniendo en la actualidad.

ENFOCA TUS ESFUERZOS HACIA TU CLIENTE IDEAL

Cuando conocí todo esto de las necesidades básicas, de los miedos básicos, fue cuando mi vida empezó a cambiar porque fui consciente de que yo tenía el poder en mis manos, de que podía hacer muchas cosas para lograr lo que me había planteado y esa oportunidad la tienes ahora tú.

Este es el gran momento para que seas consciente de que solo tú, aplicando estrategias y conociéndote más a ti mismo/a, puedes llegar a lograr ese resultado que te has planteado.

Me da igual si estás en Herbalife, si vendes limones online o si vendes naranjas valencianas por Internet...

Me da igual el negocio que estés haciendo, todo lo que estoy compartiendo contigo son años de experiencia, tips y estrategias que he aprendido de otras personas y que, junto a mi equipo, estoy desarrollando de manera personalizada.

¿Qué es lo que quiero para ti?

Que mañana, pasado o cuando vuelvas a leer este libro, lo revivas, que tomes apuntes y lo empieces a aplicar en tu vida y digas: *"¡Ha valido la pena leer el libro de este venezolano trastornado que vive en España!"*

Bueno, ha llegado el momento de que te hable de Neuro Tips para patrocinar de forma efectiva, sin desgastarte, sin perseguir a familiares o amigos y siendo feliz, sintiéndote realmente orgulloso/a de lo que estás haciendo y de lo que estás viviendo.

Recuerda que solo tú creas tu realidad, que tú tienes el poder de decidir y de transformar lo que vives en cada instante de tu vida.

Para empezar a hablarte de los Neuro Tips es importante que tengas un concepto claro y es que tu consciente está mediado por tu inconsciente personal y a su vez, tu consciente e inconsciente, dependen de un inconsciente colectivo.

Si yo te digo que los alemanes tienen una mente muy cuadrada, son muy organizados y son muy puntuales, esto es una generalización acerca de los alemanes. Es evidente que habrán alemanes que no serán tan cuadriculados a la hora de pensar, que no sean puntuales y que además les encante bailar jotas.

Es decir, que nuestro inconsciente colectivo marca de una manera u otra, nuestras decisiones y la percepción de nuestra realidad.

Por lo tanto, las personas que desarrollamos negocios multinivel, negocios de afiliados con Network Marketing, ¿qué es lo que estamos haciendo?

Sencillamente tenemos unos filtros que, a través de las improntas, las creencias, van a determinar un tipo de decisión.

Y esta es la razón de por qué en unos países los negocios de Network Marketing proliferan o crecen de manera exponencial y en otros, el crecimiento es mucho más lento.

El Inconsciente Colectivo

Una de las primeras cuestiones que debes tener en cuenta cuando vas a desarrollar en el Network Marketing un negocio de multinivel o un negocio de afiliado es que debes conocer qué hay en el inconsciente colectivo.

¿Por qué es tan importante esto?

Porque si sabes que lo que hay son experiencias negativas, cuando estés con un prospecto y empieces a hablar con él, quizá se muestre de manera consciente muy proactivo y no sepas qué hay realmente detrás de ese consciente, pero lo que si puedes saber es qué hay en el inconsciente colectivo.

Porque el inconsciente colectivo lo puedes descifrar o palpar a través de las generalizaciones que la sociedad murmura detrás de las puertas, que son como esos secretos a voces que todo el mundo sabe, pero de los que nadie habla abiertamente.

Hay países o zonas donde hablarás del multinivel y te dirán:

"¡Eso es una secta!"

"Mi abuela estuvo allí y le robaron."

"Mi tía estuvo, pero no obtuvo resultados."

"Mi hermano también y aquello fue una estafa piramidal."

"Entré en una página web y la página cerró."

Y es verdad, esas cosas pasan, pero aquí lo importante es saber que existe un inconsciente colectivo, que hay unas creencias arraigadas en la sociedad que tendrás que saber gestionar si realmente quieres crear un equipo grande y una gran organización.

Por eso me he detenido aquí, porque el inconsciente colectivo va a determinar, como si fuese un filtro, tus resultados.

Por eso, cuando hables con una persona acerca de todas estas malas experiencias que se encuentran en el inconsciente colectivo o que son parte del argot popular de donde estás desarrollando tu negocio, tienes que ser consciente de que esas cosas pasan, que son reales, pero tienes que aprender cómo gestionar este tipo de experiencias.

El Inconsciente Personal

Los filtros del inconsciente personal están muy relacionados con las creencias y con las experiencias vividas a nivel individual y luego con la parte consciente, que es lo que nosotros vemos en lo que la otra persona habla y cómo se maneja.

Y aquí manejamos, sobre todo, el tema de la actitud.

Recuerda que tu realidad está filtrada y esto crea una percepción, por lo tanto, tu comportamiento o el comportamiento de cualquier ser humano depende de sus actitudes, de sus valores, de sus creencias, de sus sentimientos, de sus emociones y en definitiva, de lo que piensa.

Y sus pensamientos van a depender, en mayor o menor medida, de la impronta.

La impronta es un concepto que veremos más adelante, pero ya te puedes ir quedando con la copla, porque la impronta son esos caminos neurológicos que van a crear las diferentes situaciones que vivas en tu vida y que se generen a través de emociones fuertes.

Así que para una persona, dependiendo del origen o su cultura, dependiendo del mensaje, el mismo mensaje va a tener una interpretación o una connotación diferente.

No es lo mismo que seas de Perú, de Estados Unidos, de México, de Venezuela o que vivas en España.

Y de esto se han hecho estudios a niveles neurológicos, sabiendo qué eslogan o qué frase resonaba más con la parte inconsciente o qué activaba la parte del reptil.

Si le dices a alguien de Estados Unidos o que se haya criado bajo la cultura de Estados Unidos: *"Mira, con este negocio serás más rico"*, va a tener mejor resonancia que si le dices: *"No, es que en este negocio vas a conocer gente maravillosa."*

También le encantaría conocer gente maravillosa, pero sin embargo, de acuerdo a sus improntas o a sus creencias, lo que es más importante para esa persona es tener un negocio y hacerse rico, porque es uno de los pilares fundamentales de dicha sociedad.

Sin embargo, si tú a una persona de Perú o de México les dices: *"Mira, en este negocio vas a conocer gente maravillosa y aprenderás a ser un líder"*, estos dos mensajes van a tener una mayor resonancia que si les dices: *"No, con este negocio te vas a hacer rico"* o *"Con este negocio vas a juntar dinero para tu retiro."*

Es decir, el mismo eslogan o la misma frase va a tener un nivel de resonancia diferente al nivel de nuestro cerebro decisor.

¿Esto qué quiere decir?

Que no le puedes vender igual a una persona de Estados Unidos, a una persona de México, a una persona de Venezuela, a una persona de Perú, que a una persona de España.

¿Por qué?

Porque su nivel de resonancia con el mensaje va a ser diferente en función del inconsciente colectivo, del inconsciente personal y de su estado consciente, es decir, de sus niveles de creencia, de sus valores y de las situaciones que haya vivido a lo largo de su vida.

Por eso, deberás crear embudos de venta diferenciados en función del país y del estrato social del avatar con el que estés trabajando.

No se trata de disparar y vender a todo lo que se mueve, tenga sangre caliente y sea capaz de articular dos palabras. De lo que se trata es de venderle a tu avatar, a tu cliente ideal, a esa persona con la que quieres trabajar siempre, hacer grandes negocios, grandes organizaciones, hacerlo todo y llegar a tu cima.

Espero que este concepto te haya quedado claro, porque es fundamental para los Neuro Tips que te voy a dar a continuación para que logres patrocinar y planificar de manera eficaz, sin desgastarte, sin frustrarte, disfrutando del camino y sintiéndote orgulloso/a de hacer lo que quieres hacer, que es lograr resultados, convertirte en un gran líder, crear una gran organización y arrasar.

NEURO TIPS PARA RECLUTAR
EFICAZMENTE

Para la mente, lo que se cree es

¡Así, que sueña a lo grande!

¡Crea tus resultados en tu mente y atrévete a convertir lo invisible en visible!

No sé si te ha pasado alguna vez estar durmiendo y soñar que te caes de un avión, estando en la cama...

En ese caso lo que está sucediendo es que, cuando el cerebro transmite esa fórmula, esa segregación de neurotransmisores responde y tu cerebro no es consciente en ese momento de si te estás cayendo o no, sino que crea esa respuesta química y tu cuerpo responde, por lo tanto, sientes que te estás cayendo aunque estés durmiendo.

Esto puede tener miles de interpretaciones, pero no nos vamos a ir por las ramas.

Lo que quiero que tengas claro es que debes tener un objetivo, una meta y esa meta tiene que ser medible, tiene que ser plausible, tiene que ser lograble, tiene que tener una fecha de caducidad.

Y sobre todo, tiene que tener un compromiso del 1000% para hacer que tu palabra tenga valor, no solo para el mundo, sino para ti.

Porque el compromiso número uno es lograr tu objetivo y a eso es a lo que se le llaman "objetivos SMART".

Seguramente habrás escuchado hablar de ellos alguna vez.

Los "objetivos SMART"

Son objetivos medibles, plausibles, que eres capaz de reproducirlos, que los puedes hacer en nano metas y que tienen un tiempo definido.

Lo primero es saber:

Qué es lo que quieres.

Cuál es tu meta.

Dónde quieres llegar realmente.

Qué es lo que quieres para ti.

Dónde vas a estar dentro de tres meses, seis meses, un año.

Es importante que tengas muy claro todo esto, porque si no tienes un objetivo claro, si no tienes definida la meta donde quieres ir, es imposible trazar una bitácora.

Porque sabes dónde estás, pero no sabes hacia dónde quieres ir, por eso es fundamental tener objetivos, tener metas y soñar en grande.

Recuerda que no existe bueno o malo, solo memorias que hacen que tu percepción del mundo sea buena o mala, por eso tu realidad la creas tú, porque está basada en tus significados.

Ahora mismo, puede que leer esto te esté retrotrayendo algún tipo de recuerdo, puede tener algún significado que será distinto completamente al que tenga para otro lector, por eso la realidad es individual, porque depende de tus significados, de tus experiencias, de tus creencias, de tus valores y en definitiva, de tu mapa mental.

Seguramente te acordarás de las dos torres gemelas. Y a buen seguro que cada una de las personas que estéis leyendo este libro tendréis asociados a este evento diferentes recuerdos, pero todos basados en dónde estaba y qué hizo el día en que ocurrió este lamentable suceso.

¿Por qué?

Porque fue una situación que conmocionó al mundo.

Y cuando ocurren experiencias de este tipo, se crean improntas debido a que es un proceso al que se le une una gran carga emocional y esa es la razón de que todos recordemos el fatídico accidente. Es como si estuviésemos reviviendo ese momento.

De eso se trata.

Cuando te he nombrado ese suceso has tenido la capacidad de conexión con aquel momento, ¿verdad?

Es increíble la capacidad que tiene nuestro cerebro para imaginar, crear, retrotraer eventos del pasado al presente y es esa la capacidad que tienes que empezar a trabajar.

Cuando te decía que la mente se cree lo que tú le dices, que no sabe si es verdad o mentira, quería decirte que tenemos la capacidad de modelar nuestra realidad, de retrotraer, de imaginar, de soñar... Es un arma que tenemos y que todos podemos implementar y utilizar.

Cuando ves un café, seguramente lo tienes asociado a ciertas cosas.

De eso se trata, de provocar emociones, de crear expectativa, de tener la capacidad de que cada vez que presentes una oportunidad de negocio sea la que sea, sea presencial o sea online, tengas la capacidad de influir, de crear emoción, para crear una impronta, para crear una experiencia y que sea tan maravillosa que esta persona adquiera lo que le estés ofreciendo.

Muchas veces hacemos esquemas, rayitas arriba, rayitas abajo y no son más que excusas que nos inventamos para tener diferentes maneras de justificar nuestra incapacidad de crear resultados.

Cuando borres tantos rollos mentales, empezarás a vivir, a sentir y a experimentar tu capacidad de co-crear tus propios resultados.

En capítulos anteriores te dije que te iba a hablar acerca de las improntas, pues bien, lo prometido es deuda.

Las improntas

Son situaciones que hemos vivido a lo largo de nuestras vidas y que pueden ser significativas, caóticas o recientes, dependiendo del momento en el que se producen.

Pero lo que quiero es que te quedes con el concepto.

Una impronta es una experiencia cargada de una gran fuerza emocional y eso te crea un anclaje que, cada vez que vives una situación, tiene la capacidad de hacerte rememorar o de buscar en tu archivo mental y sacar exactamente esa situación.

Por eso, cuando te he hablado de las torres gemelas, enseguida has sabido a qué hecho me refería.

Es muy importante que recuerdes este concepto.

El 85% de toda decisión es subconsciente e inconsciente, por lo tanto, tu cerebro sabe cinco segundos antes de que puedas verbalizar tu decisión, la decisión propiamente dicha.

Parece un trabalenguas, pero lo que quiere decir es que tu cerebro reptiliano toma una decisión y tu cerebro en general es consciente cinco segundos antes de que lo puedas generalizar.

Esto no es nuevo, ya lo escribió Paul MacLean en 1952 en *"La teoría de los tres cerebros"* y tiene mucho que ver con el tip número dos, que es...

Véndele al reptil

Recuerda que tenemos tres cerebros, no de manera física, pero sí de manera funcional:

Un cerebro reptiliano o instintivo, que es aquel que se encarga de todas las funciones de supervivencia.

Un cerebro límbico o emocional, que es aquel cerebro que se encarga de todas las respuestas emocionales.

Un cerebro racional o consciente.

Cuando vayas a vender tienes que crear un discurso que le dé al cerebro reptiliano o instintivo lo que busca, que emocione al cerebro límbico y que le dé respuestas al cerebro racional de las personas.

¿Qué mueve al reptil?

La libertad, el comer, el orden, explorar, es egoísta por naturaleza, es protector, la necesidad de reproducirse, de dominar, de generar placer y de vivir en el placer, la necesidad de saciarse, las ganas de ganar, controlar y sobrevivir...

Sobre esto es en lo que se basan las necesidades fundamentales y lo que quiere experimentar el cerebro reptiliano; por lo tanto, en tu diálogo de ventas tienes que incluir palabras que conecten con este cerebro instintivo.

¿Por qué?

Porque es quien va a hacer que esas personas tomen la decisión de formar parte de tu equipo y de comprar el producto que estás vendiendo.

Recuerda que la cultura cambia la respuesta, ya te hablé anteriormente del inconsciente colectivo, así que tenlo muy en cuenta.

La cultura siempre cambia la respuesta

Cuando estés hablando con tu prospecto o cuando estés creando la estrategia de venta, ya sea online u offline, recuerda que tu speech, discurso, página de ventas o página de captura, siempre tiene que aunar tres conceptos o frases que le hablen a su cerebro instintivo, a su cerebro emocional y a su cerebro racional, para asegurarte de poder influenciar positivamente y gestionar de manera efectiva esa compra.

Por lo tanto, el código de tu multinivel o de tu negocio de afiliados o del negocio que estés desarrollando, debe tener una respuesta para el cerebro racional, una respuesta para el cerebro reptiliano y una respuesta para el cerebro límbico o emocional.

Fácil, ¿verdad?

Escuchar, interpretar y anular el miedo es el negocio

Recuerda que el miedo moviliza.

Nada mueve más que el miedo, por eso las personas compran, para satisfacer una necesidad y para evitar un miedo.

Si recuerdas la Pirámide de Maslow, interpretada bajo los miedos, todas las personas tienen miedos fisiológicos, miedos vinculados a la seguridad, miedos vinculados a la supervivencia, miedos vinculados a la estima y al ser.

Generalmente, cuando estás en negocios de multinivel, de afiliados o en cualquier tipo de negocio, incluso los negocios offline, siempre tienes que cuidar, satisfacer o evitar estos miedos.

¿Por qué?

Porque cuanto más miedo les quitemos a tus empleados, a tus prospectos o a tus suscriptores, más vinculados van a estar contigo.

Seguramente habrás escuchado que el chocolate crea adicción, que produce o tiene interacción química a nivel cerebral con unos neurotransmisores que producen saciedad. También se dice que el chocolate es sustituto del sexo pero, ¿realmente qué es lo que sucede?

Que produce una interacción de diferentes sustancias químicas del cerebro.

Produce cierto tipo de saciedad, debido a la liberación de oxitócicas, serotonina o dopamina o de otro tipo de neurotransmisores, como las catecolaminas. Esto es un poco más técnico, pero te lo explico para que entiendas que existe una interpretación clínica y real de todos estos efectos.

¿Por qué las personas van a Disney World?

La mayoría de las personas podrían pensar que van a Disney World para montarse en las atracciones mecánicas, para ver a Mickey o por hacer un viaje y realmente no es así.

Las personas van a Disney World porque tiene una connotación emocional, instintiva y muy arraigada en el inconsciente colectivo.

¿Esto qué quiere decir?

Que el 80 o 90% de las personas que acuden a Disney, lo hacen por tener una foto con cualquiera de los personajes que se encuentren en Disney World y por vivir la experiencia.

Pero no solamente les es suficiente con vivir la experiencia, sino que esta experiencia la tienen que exponer al mundo para que todos sepan dónde han estado o dónde han hecho el viaje.

Así que ahora es importante que te preguntes cuál es el miedo que moviliza a tu negocio o por qué las personas deberían ingresar en tu negocio, analizándolo desde el punto de vista de las necesidades básicas y de los miedos y sobre todo, por qué deberían seguir vinculados a tu negocio.

Y todo esto visto desde el punto de vista de la conducta humana, desde el punto de vista de las necesidades básicas y desde el punto de vista de los miedos.

Nadie quiere vivir con miedo, todo el mundo desea vivir sin miedo y esta es la gran lucha del ser humano, por eso ves que hay personas que se compran tremendos cochazos.

Las personas están muy pendientes de tener organizadas sus casas, de tener lo mejor, de publicarlo por Facebook y de anunciar a los cuatro vientos el nuevo bolso que se han comprado o que sus amigos vean el reloj tan chulo que tienen ahora o que se han comprado el súper móvil que acaba de sacar Apple...

Vivimos mucho de cara a la galería y por eso es importante que seas consciente de esto, porque es una oportunidad para descubrir qué necesidades no tienes satisfechas y qué miedos tienes allí latentes para lograr venderles a las personas de tu nicho.

Las personas tienen miedo al dinero y negación a la riqueza

Muchas personas no logran generar grandes ingresos de dinero porque no tienen las carencias adecuadas, no saben gestionarlo y tienen miedo de manera inconsciente a generar ingresos porque se plantean, incluso aunque tengan un buen vehículo, ¿por qué unos ganan y otros no ganan?

Precisamente por esa variable que es el individuo. Y dentro de esa variable, lo más importante son sus creencias y sus valores.

¿Por qué?

Mira, entender que la mayoría de las personas creen que cuando alguien gana mucho dinero en un periodo corto, cinco o diez años, generalmente es porque son políticos, personas que ganan la lotería, personas que igual están en malos negocios o negocios mal vistos, etc.

A nivel inconsciente tenemos ancladas estas creencias y es lo que nos evita avanzar.

¿Quién no ha escuchado que es mucho más fácil que un camello atraviese por el ojo de una aguja, que entre un rico en el reino de los cielos?

Yo lo he escuchado durante toda la vida. Y ahora te pregunto, ¿crees que esta afirmación es coherente?

Eso es lo que te debes preguntar a la hora de valorar todas tus creencias, todo lo que piensas o los conceptos y valoraciones que haces acerca del dinero.

Porque si no tienes una correcta relación con el dinero, unas creencias que te empoderen y que te faciliten gestionar dinero, tener dinero y generar muchos ingresos, nunca va a llegarte y eres tú mismo/a quien te lo estás impidiendo.

¿Por qué?

Porque no vas a tener los pensamientos correctos y por ende, no vas a tomar las decisiones acertadas, no vas a transmitir lo que tienes que transmitir y por lo tanto, no vas a lograr el resultado que deseas.

Los Neuro conectores Colectivos

Hay tres Neuro conectores colectivos sobre lo que más les interesa a las personas:

Lo relacionado con los alimentos, con el sustento y con la generación de ingresos.

Tener un techo, una casa, algo donde puedan tener cobijo con sus seres queridos, con su grupo familiar

La educación, crecer, formarse, adquirir conocimiento e implementarlo.

Se ha hecho un estudio por parte del "Instituto de NeuroCoaching" de Mauricio Bock de los Estados Unidos, donde determinaron que las cuatro cuestiones más importantes por las que una persona ingresa en un negocio online son:

La búsqueda del desarrollo personal y profesional

Es decir, las personas tienen que ver en tu oportunidad de negocio, eso, un negocio, una manera de generar ingresos y ganarse la vida.

Que les permita ser autónomos

Que les permita tomar decisiones acerca de su propia vida, acerca de lo que hacen, de lo que creen, de lo que viven y de lo realmente quieren hacer con su vida y la vida de sus seres queridos.

Por lo tanto, tu oportunidad de negocio tiene que darles la oportunidad a estos prospectos de poder tomar decisiones, de poder ejecutar de manera autónoma ciertas cuestiones para aumentar su nivel de significado e importancia.

Si te das cuenta, la primera cuestión está vinculada con la necesidad de crecer, con la necesidad de transformar la vida y dejar un legado, mientras que la segunda está relacionada con el significado, la importancia de esto.

El orgullo

Es decir, que les hagas estar orgullosos de su tribu, de formar parte de un clan, de formar parte de un equipo que los empodere, que los mantenga conectados y que lo hagas sentirse orgullosos porque le agregan valor masivamente.

Esto es lo que se llama conexión (recuerda las necesidades básicas), como la necesidad de formar parte de algo superior a ti.

Formar parte de una oportunidad de negocio en el multinivel

Es la percepción de retribución.

Si te das cuenta, es la cuarta en esta jerarquía, en lo que las personas toman como referencia al dinero.

Es decir, lo primero es tener más desarrollo personal y profesional, ser autónomos, sentirse orgullosos y que forman parte de una tribu y un clan de iguales y el cuarto es ganar dinero.

Evidentemente nadie se va a unir a tu oportunidad de negocio si no ve un potencial de ganar dinero, pero lo principal para el 80% de las personas es desarrollarse a nivel personal y profesional, ser autónomos y sentir que forman parte de una tribu que está en su misma frecuencia.

Recuerda que cuando los prospectos o tus suscriptores se educan son prospectos que están creciendo en pro de su desarrollo, en pro de sus resultados y generalmente se transforman en prospectos, en afiliados o en miembros de equipos proactivos en los que ya no es necesario insistir para que realicen una tarea o para que desarrollen el negocio en cuestión.

Vende estilo de vida

Todos tenemos neuronas espejos que nos permiten identificarnos y crear rapport con nuestro interlocutor, así que tienes que transmitir estilo de vida porque las personas se unen a personas, a través de un vehículo o una oportunidad de negocio, pero se unen y se vinculan a personas.

Si eres una mala persona, una persona odiosa, entrometida y que no agrega valor a las personas, es muy complicado que seas capaz de crear una red de negocios.

¿Por qué?

Pues, sencillamente porque no vas a tener la capacidad de atraer a otras personas que realmente quieran compartir tu estilo de vida.

Porque no solo vas a compartir tu vehículo, no solo vas a compartir un producto que vas a vender, sino que también vas a compartir un estilo de vida que la otra persona desea vivir igual, por eso es importante que transmitas una actitud correcta y no solamente una actitud, sino el aspecto deseado, que vaya en consonancia con tu modelo de negocio.

Si vendes un sistema de negocios "cool" al cerebro de las personas, debes vender tu seguridad, lo que haces, lo que dices, lo que hablas, con quién te relacionas...

Por eso Facebook es una máquina de vender, por eso Facebook es una apisonadora, por eso Facebook ha hecho ricas a tantas personas a nivel mundial.

No sé si te pasará, pero a muchísimas personas en el mundo entero les encantan los culebrones, las telenovelas.

¿Por qué?

Porque es como si les estuvieran hablando en metáfora, porque ven reflejadas a través de las neuronas espejos, cuestiones que en algunas ocasiones tienen que ver con su propia vida.

Por eso nos encanta ver los perfiles de Facebook de otras personas, qué hacen, cómo viven, cómo son sus casas, cómo disfrutan...

Ya sabes que lo que más vende son las fotos triviales, fotos en donde te estén cortando el pelo, fotos en las que estés disfrutando de tu familia, fotos de aquí donde estás de padrazo..

Ahora ya sabes y entiendes por qué Facebook es tan importante y ha hecho millonarias a tantas personas alrededor del mundo, porque todo el día estamos enganchados al "cuchi cuchi" o chismorreo.

Por eso debes apalancarte de esta gran herramienta, además de otras redes sociales.

No vendas características, sino beneficios

Desde este punto de vista, los "NO" son los que más nos van a permitir crecer.

Algo maravilloso y que tienes a tu disposición siempre es el feedback de las personas.

Cuando alguien te dice que no, lo que realmente debes tener en cuenta es que no te está diciendo que no a ti, está diciendo que el mensaje que le has transmitido no ha conectado con lo que está buscando.

Le están diciendo no a un mensaje que has transmitido y que no está siendo coherente con su forma de ser, sentir y hacer, porque de eso es lo que dependen sus condicionamientos para tomar una decisión.

Por lo tanto, no te tiene que hacer daño, sino que debe servirte para que descubras y aprendas qué tienes que mejorar en tu discurso o presentación para poderlo adaptar en función del tipo de prospecto con que estés tratando.

Recuerda que tu discurso de venta o tu discurso para gestionar la compra, tiene que tener un código o una propuesta emocional, una propuesta para el cerebro reptil y una propuesta para el cerebro racional, que es de lo que te he venido hablando hasta ahora.

"No vendas lo que es, sino lo que significa."

Esta frase envuelve muchos conceptos porque tiene un gran poder dentro de estas palabras, hasta el punto que pueden transformar tu negocio.

No vendas características, vende beneficios, vende el significado de transformar un estado de vida, vende el poder de la transformación, vende el poder del cambio, vende el poder de lograr un objetivo.

Cuando vendes un batido, en el caso de Herbalife, no vendes, *"te vas a tomar 100 gramos de proteínas porque esto sabe a fresa y chocolate y está muy guay"*.

Vendes que te vas a sentir mejor, que tiene una serie de aminoácidos que van a transformar tu nivel energético, que van a transformar tu aporte nutricional y te vas a sentir maravillosamente bien y que vas a salir a arrasar, que vas a hacer más ejercicio que nunca, que vas a quemar calorías, que vas a ganar masa muscular, etc.

Es decir, no vendas lo que es, sino lo que significa para el cerebro.

Por eso, *"No le vendas a la gente, véndele al cerebro, véndele a quien realmente decide."*

Las cosas valen más por lo que significan que por lo que son.

Tu realidad siempre va a estar determinada por las situaciones que vives, así que habla con metáforas cuando estés con tu prospecto o cuando te comuniques con tu suscriptor, intenta tener un nexo conector y habla de las cosas por lo que significan y no por lo que son.

Imagínate un anillo de bodas, ¿qué significa para nuestra esposa?

Pues probablemente que siempre el esposo dará lo mejor, que trabajó muy duro y puso mucho tiempo y dinero para comprar ese anillo, significa unión, que la hace sentir única, que la va a cuidar como nunca...

A eso es a lo que me refiero cuando te digo que no vendas lo que es, sino lo que significa.

Cada cuestión, cada producto, cada instante de tu vida tiene un significado y es de lo que te tienes que apalancar cuando estés haciendo una presentación o cuando hables con un prospecto, ya sea en Skype, ya sea a nivel personal o ya sea a través de Email Marketing, pero es de esto de lo que te tienes que apalancar.

Algo que también tienes que tener muy en cuenta es qué significa para ti el multinivel, el negocio de afiliados, el negocio híbrido o el negocio de comisiones del 100%, es decir, qué significa para ti el Network Marketing.

Porque si tienes una creencia errónea o que no es vinculante de manera positiva con el concepto del que te estoy hablando, vas a transmitir una energía que no va a vibrar de la manera correcta y no vas a atraer a otras personas a hacer Network Marketing.

Si lo que estás pensando es que los negocios de multinivel o de afiliados son sectas, que son pirámides, que todos se caen, que todo va mal, que mucha gente pierde dinero, si tienes todo este diálogo dentro y te está comiendo el tarro todos los días, eso es lo que vas a transmitirles a las personas con las que hables y te comuniques.

Habla con tu cuerpo

Recuerda que el lenguaje no verbal es lo que mayor impacto causa cuando estás en una conversación presencial, a través de Facebook Live o en una reunión de Skype, por ponerte algunos ejemplos.

La parte verbal solamente representa un 7% del mensaje, el cambio de tono, la entonación, hablar más alto, hablar más bajo, la energía que transmites a la hora de hablar, representa el 38% y la parte gestual, la parte del movimiento de tus manos, las expresiones faciales, cómo te tocas el pelo, cómo mueves los brazos, en qué posición tienes el tronco, etc., va a determinar el 55% de tu comunicación.

De eso se trata, cuando estés ante un prospecto o en una llamada de Skype tienes que transmitir confianza, seguridad y tus creencias internas acerca de que lo que estás haciendo es lo mejor y que estás sacando tu mejor versión para que la otra persona logre captar lo que le quieres transmitir.

Porque imagínate que estás hablando con otra persona y te plantea que quiere entrar en tu modelo de negocio porque quiere generar dinero, porque se quiere cambiar un coche, porque quiere cambiar su casa, porque se quiere ir de viaje, etc.

Si tú estás en plan: *"Ah, vale, sí, sí, aquí vas a ganar dinero, te vas a ir de viaje algún día, algún día te irás, claro, sí. Bueno, pero yo no sé si eso va a ser posible o no..."*

Es decir, si eres un/a "soso/a" y no les das caña al asunto, ¿cómo pretendes que las personas quieran trabajar contigo?

Las personas quieren trabajar con otras personas que las motiven, que las inspiren, que las hagan avanzar, que les den un beneficio y que les agreguen valor masivo, eso es lo que quieren los prospectos.

Tus suscriptores te quieren conocer, te quieren amar, quieren ser tus fans, te quieren ayudar, pero si no te muestras como eres, si no das tu mejor versión y si no estás al pie del cañón todos los días, no vas a lograr el resultado,.

Los hombres y las mujeres no somos iguales

No le puedes vender de igual forma a un hombre que a una mujer y ahora lo vas a entender.

Los hombres somos simples y las mujeres son muy complejas, son hermosas, maravillosas y adorables, pero complejas.

Por ejemplo, comunicación verbal entre dos hombres:

"¿Qué tal tío, cómo va?"

"Oh, macho, bien,"

Se acabó, miramos a los ojos.

Comunicación entre chicas... Todavía la NASA lo está descifrando, jajaja.

No, en serio, la comunicación entre mujeres es mucho más completa y llena de matices, no en vano tienen mayor inteligencia que los hombres a modo global.

Estos ejemplos, aunque desenfadados, creo que explican claramente cómo somos y por qué tienes que vender de manera diferente a una mujer y a un hombre.

Tienes que tener la capacidad, el tacto y la sutileza de saber cómo son tus prospectos.

Si estás hablando con una mujer tendrás que venderle en función de su aspecto, de sus creencias, de su lenguaje, de su capacidad de transcender, de su movimiento...

Por norma general, las mujeres hablan tres veces más que los hombres, ellas tienden a hablar entre 15.000 y 18.000 palabras al día, mientras que los hombres somos más cortitos en palabras y podemos hablar entre 3.000, 5.000 y 6.000 palabras al día.

Ahora entenderás por qué los hombres llegamos por la noche a casa después de 8 horas de trabajar y no hablamos, ¡porque se nos han agotado las palabras! Jajajajaja.

Mi esposa me dice: *"Hola, cariño. ¿Cómo te ha ido?"*

Y yo: *"Bien."*

Y ella: *"¿Sólo bien?"* Claro, si ella no ha gastado sus 15.000 o 18.000 palabras, tiene la necesidad fisiológica de gastarlas. Jajaja.

Así que debes entender y aplicar todos estos conocimientos también en casa y tienes que saber que somos diferentes, que tenemos que usar un discurso apropiado para cada género y esa es la razón por la que en algunos equipos hay más hombres o más mujeres.

Porque depende del tipo de mensaje que transmitas, depende del tipo de liderazgo y depende de los "input" que hagas en tu discurso, más diferencias entre sexos habrá.

Cuida los primeros y últimos minutos

Recuerda que los primeros y últimos minutos son los más importantes.

No se trata de hacer presentaciones kilométricas que duren días, que duren ochenta horas o una hora, no. Se trata de hacer una presentación al punto, al grano, a lo importante, a lo preciso, al mensaje que realmente va a activar ese cerebro decisor.

Sgeun etsduios raleziaods por una Uivenrsdiad Ignlsea, no ipmotra el odren en el que las ltears etsen ecsritas, la uicna csoa ipormtnate es que la pmrirea y la utlima ltera esetn ecsritas en la psiocion cocrreta.

El retso peuden etsar ttaolmntee mal y aun pordas lerelo sin pobrleams, pquroe no lemeos cada ltera en si msima snio cdaa paalbra en un contxetso.

¿Pudiste leer este texto?

Esto se debe a que la mente humana no lee cada palabra por sí misma, sino que lee una palabra como un todo y esto es sencillamente sensacional.

Por eso hay algunas personas que no tienen ningún grado de estudio y se comunican perfectamente, porque son capaces de activar el cerebro decisor instintivo y vincular la emoción y justificar lógicamente al cerebro racional, la decisión de compra.

Usa verbos de acción

Al cerebro le encanta que le hables de lograr, de poder, de proteger, de ganar, de transformar, de recordar, de disfrutar, de conquistar y sobre todo, de decirle: *"Tú eres capaz, tú lo puedes lograr, tú eres el responsable de tu propio éxito..."*

Ese "tú" es como una droga para el reptil, que sale a cazar y arrasar desquiciado.

Evita mostrar demasiada positividad y perfección

No vende.

Tienes que ser realista, tienes que mostrarte como eres, siempre tu mejor versión, siempre con altos, bajos, pero trata de mostrarte de la mejor manera posible.

¿Por qué?

Porque si todo es "chupi guay", maravilloso, no hay obstáculos, no hay que aprender, no hay que implementar y todo es conocimiento, conocimiento y conocimiento, vivimos eternamente en nuestra zona de confort y no implementamos, no aplicamos.

Y esto es lo que marca la diferencia, tu diferencia. La capacidad de subir y bajar, subir y bajar y cada vez estar más alto, hasta llegar a la cima.

Habla con metáforas y en tercera persona

Esto es realmente brutal.

Cuenta historias y permite que otras personas formen parte de manera indirecta de tus historias. Las historias empoderan, las historias dan poder a la otra persona para que tome decisiones, para que se movilice desde el punto A, hasta el punto B.

La mente inconsciente es la que nos manda la mayoría de las funciones mentales que ocurren de manera inconsciente. Esos sentimientos y pensamientos tienen una profunda influencia en nuestras decisiones y comportamiento.

Las imágenes son los componentes centrales de nuestra mente.

Fisiológicamente, una imagen es un patrón de activación neuronal y eso es lo que sucedió cuando te hablé de las torres gemelas.

Existen patrones universales que son fundamentales.

Los marketeros tendemos a enfocarnos en las diferencias, que constituyen la base de los segmentos, sin embargo, a un nivel profundo la gente es mucho más parecida de lo que se cree.

Existe un pequeño número de patrones universales denominados "metáforas profundas" y estas metáforas estructuran y guían los pensamientos, por eso es maravilloso contar historias en el Email Marketing o cuando estás dando un Webinar o en un Facebook Live y compartes con personas.

Porque no siempre tu mensaje va a llegar de manera unidireccional, si no que puedes lanzar un mensaje para que llegue a nivel multidireccional y a través de retrotraer pensamientos y significados que las personas tienen almacenados en su cerebro, tendrán una experiencia en ese momento que les permitirá tomar decisiones que les ayuden a moverse del punto A, al punto B.

Cada imagen lleva implícita una historia y cada historia lleva implícita un significado. Y aquí es donde has de tener cuidado, porque cada significado es diferente para cada persona.

Por eso te decía que "Tú creas tu propia realidad, porque tu realidad depende de los significados que tiene cada momento para ti."

Cada imagen cuenta una historia y cada historia te lleva a un significado y esa es la grandeza de contar historias y hablar con metáforas, porque estimulan más la retórica y te permiten expresar emociones a través de formar magnitudes y valores de manera mucho más fluida.

Quiero que seas consciente de que estás leyendo este libro para aprender a vender sin vender, a vender a la mente y no venderle a las personas.

Así que recuerda, diferénciate, vende algo diferente, no vendas un producto, vende un beneficio, vende un cambio, vende una transformación, vende una experiencia y para eso, apaláncate de las imágenes.

Vender sin vender

Sin lugar a duda, la mejor forma de compartir tu oportunidad de negocio es hacerlo en un ambiente distendido, en un ambiente donde te es habitual hacer negocios, comiendo, ayudando, jugando, cocinando, enseñando, agregando valor masivamente... Cualquier momento es bueno para sembrar.

Y da igual que sea como si estuvieses sembrando bambú, que tienes que sembrar y esperar siete o diez años, lo que tienes que comprender es que para tener una buena cosecha y para tener una tierra fértil, primero tienes que labrar, tienes que abonar, tienes que sembrar y luego vivir el proceso para lograr tener esa cosecha.

Y te aseguro que si vives y disfrutas de lo que haces, si te apasiona realmente el Network Marketing, si te apasiona y vives con intensidad tu camino, recogerás una excelente cosecha.

El poder del tres

Cuando hagas la propuesta de negocio, siempre da tres opciones, el plan uno, el plan dos y el plan tres (*"entra con 100, 200 o 500"*, por ejemplo).

¿Por qué?

Porque al cerebro le es mucho más fácil decidir si tiene tres planes diferentes, que si tiene uno o dos.

Por lo tanto, las probabilidades de asertividad o las probabilidades de que un prospecto acepte tu propuesta de negocio y te compre tu propuesta, tu producto o tu oferta de negocio son mucho mayores si le das tres opciones, que si le das dos o una.

Recuerda, el poder del tres.

Atención + Emoción + Supervivencia = Reclutado

Debes tener el poder de llamar la atención y de imprimir emoción en cada uno de tus encuentros.

Y para ello has de hablarle directamente al cerebro reptil de las personas del poder de supervivencia, de que pueden lograr la supremacía, mejorar, crecer, crear un legado.

De eso se trata, no se trata de acorralar, no se trata de presionar a nadie, se trata de que las personas decidan comprar, se trata de que las personas decidan formar parte de tu negocio, se trata de que las personas sean conscientes de que tú tienes algo para darles.

No se trata de engañar, no se trata de presionar a las personas, se trata de hacerlas conscientes en el proceso y que realmente tengas valor para agregar.

Porque si lo que quieres es engatusar, si lo que quieres es presionar, acorralar, si lo que quieres es forzar un cierre, amigo/a mío/a, estás en el sitio equivocado y lo que vas a tener son resultados para cuatro días y después te vas a quedar a dos velas.

Por ejemplo, para un proceso de acción o decisión, hablando, reclutando o afiliando a un ejecutivo de 43 años que está feliz, contento.

Lo primero que debes recordar es un poco de lo que te he estado hablando: primero debes llamar su atención (contando historias, por ejemplo), luego activar su deseo y luego reforzar la razón o la lógica para justificar la acción, para justificar la compra o para justificar el hecho de afiliarse en una conversación normal, sin forzar.

Imagínate que es un amigo con el que te estás tomando un café y sale la conversación de que debe ser duro trabajar para alguien toda la vida y querer cumplir los sueños de esta otra persona y tú no estar cumpliendo tus sueños.

Y resulta que esta persona está bien, está feliz y contenta y tiene habilidades. Porque no se trata de mentirle a la gente, se trata de ayudar a otras personas, de impactar a estas personas para que logren sus resultados.

En la fase de activación del deseo, le tienes que comentar que a las personas que tienen sus habilidades siempre les irá bien, que podrá lograr resultados en un tiempo record, gracias a que sus habilidades y a sus capacidades se pueden ver reforzadas en el Network Marketing.

Siempre puedes aportar parte de tu historia personal para reforzar todo el proceso y recuerda que las historias, las metáforas y hablar en tercera persona, siempre va a mejorar todo el proceso de conversión. De eso se trata, de contar historias que venden.

En el caso de que estés hablando con una mamá divorciada y con hijos, ¿cómo podrías llamar su atención?

Le puedes decir algo así:

"Como madre debe ser muy duro estar sacando tus hijos adelante, trabajando tantas horas y sin poderlos ver."

De lo que se trata es de que puedas, primero llamar su atención, vincularla y generarle una emoción y luego, a través de historias o poniendo tu propia historia personal o la historia de un tercero, vincularla con tu oportunidad de negocio.

No se trata de sentarse con un prospecto o sentarse a hablar con alguien por Skype que te pida información así:

"Hola, ¿qué tal? ¿Quieres empezar a formar parte de mi negocio? ¿Sí o no?"

Así no, tienes que ser proactivo/a, debes tener la capacidad de crear discursos, de vincular, de crear historias, de crear emoción, de llamar la atención y de posicionarte en la cabeza del prospecto o de tu suscriptor, como la mejor elección para lograr su objetivo.

Si tú eres tu mejor versión y realmente estás enfocado/a en impactar y ayudar a otras personas a través de tu oportunidad de negocio y aplicas estos tips que te acabo de dar, vas a empezar a lograr resultados.

NEUROTIPS PARA FIDELIZAR

En el capítulo anterior te he dado tips para patrocinar.

Lo que he tratado al darte estos tips es que tengas la base científica de por qué ocurren las cosas, de cómo puedes influir para gestionar la compra o gestionar la decisión de tu prospecto, de tu suscriptor, y que tome acción y decida formar parte de tu equipo.

Que decida, no solo comprar tu producto, no solo comprar tu oferta de negocio, sino que se vincule contigo y compre tu ayuda, que compre tu conocimiento, que compre todo el "know how", que tú tienes y que va a poder implementar para acortar su curva de emprendimiento.

Ahora te voy a mostrar algunos tips para que logres una fidelización eficaz. Es decir, cómo hacer para tener un equipo que funcione de manera homogénea, que sea recurrente y que tenga un crecimiento exponencial.

66 días de cuidado intensivo

Se dice que para crear un hábito, se tiene que estar 21 días, 30 días, equis días, repitiendo algo, haciendo lo mismo todos los días.

Lo que se sabe al respecto de manera científica, según un artículo que escribió Philip Alali sobre un estudio de la universidad de Harvard que lo descubrió hace dos años, se necesitan en promedio 66 días para que un hábito sea capaz de crear una ruta neurológica y que cree la impronta suficiente en nuestro cerebro.

Es decir, si durante 66 días haces de manera repetida un hábito, este se mantendrá gracias a la impronta neurológica que crea en tu cerebro.

Y esta impronta se creará en todo tu cerebro. Es decir, que afectará tanto a tu cerebro instintivo, como al emocional y consciente.

Porque si solamente creas una ruta neurológica en tu cerebro consciente y en tu cerebro emocional, en el momento en que tus necesidades básicas o tus miedos (que están en un nivel más profundo del ser) se activen, esa impronta será eliminada.

Para que se instale un hábito tiene que afectar de manera global al cerebro, es decir, al cerebro emocional, consciente e instintivo al mismo tiempo. Y para ello se necesita, al menos 66 días de, según los llaman, "cuidados intensivos."

Es decir, deberás hacer durante 66 días el mismo hábito a la misma hora, con la misma intensidad y de manera consciente.

Y sobre todo, con algo que ellos han descubierto, que mientras más intensidad y más emoción esté unida al hábito, mayor va a ser la capacidad de impronta.

El poder neurológico de los rituales

Todos tenemos rituales desde tiempos ancestrales.

Son rituales que nos hacen sentir más fuertes, que nos hacen sentir mejor, que nos hacen sentir vinculados, que nos hacen alcanzar una mejor versión de nosotros mismos gracias al grado de empoderamiento que nos producen.

Estos rituales, lo que hacen realmente desde el punto el vista neurológico, es generar una liberación de neurotransmisores, de sustancias químicas, que producen una fisiología específica (esta es una información técnica que te aporto a modo de curiosidad, pero que no es relevante que te aprendas).

Lo que sí es importante que tengas claro es que el hecho de tener unos rituales, te van a permitir tener un mayor grado de empoderamiento.

Te van a permitir sacar tu mejor versión, por lo tanto, te va a ser mucho más fácil salir de tu zona de confort y te vas a sentir mucho mejor contigo mismo/a, vas a llamar mucho más la atención, te vas a diferenciar y realmente te vas a empoderar.

Dopamina para el desmotivado

Recuerda que cuando las personas pierden la motivación, pierden la inspiración, lo que está sucediendo no es solo un desequilibrio en la dopamina, sino también en las serotoninas, en las endorfinas, en las catecolaminas y en un montón de neurotransmisores o sustancias químicas, que son las que hacen variar su fisiología y también influye en sus estados de ánimo y de empoderamiento.

Complícale la vida a tu afiliado

Contrálalo, ponle tareas, vigila su trabajo... Tienes que convertirte en esa mosca cojonera, en ese rottweiler, en ese perro guardián y tienes que controlar lo que hace.

Si está haciendo las tareas, tienes que ser un/a mentor/a, tienes que ser un/a patrocinador/a.

Y un/a buen/a patrocinador/a es aquella persona que está pendiente de su equipo, que corrige las tareas de su equipo, que pone metas, que les ayuda, que les motiva, que les inspira, que les enseña y que les ayuda a reducir la curva del "emprendizaje".

Y no es que me haya equivocado, sino que es un término acuñado.

"Emprendizaje" significa aprender en el área del emprendimiento.

Conviértete en un/a mentor/a

Deja de hablar y empieza a escuchar, deja de exigir y empieza a pedir, deja de ordenar, aclarar y medir y trabaja codo con codo con tu equipo.

Promueve la auto suficiencia, deja de inspirar para empoderar.

Debes estar siempre allí, al pie del cañón y dispuesto/a, no siempre para darles recursos técnicos o aprendizaje, sino incluso para recursos monetarios.

Porque recuerda que este es un negocio de relaciones, es un negocio de vincularse con otras personas, de crear tribu, de crear equipos de trabajo que estén coordinados y en la misma frecuencia.

De eso se trata, recuerda que no eres el/la salvador/a de todas las personas de tu equipo sino que eres una persona que, gracias a lo que has hecho, ya estás teniendo unos resultados y tu misión es que tu equipo disminuya su curva de aprendizaje.

Reconoce el éxito y los resultados

Disfruta con ellos, ve a comer, sal de fiesta, habla con ellos, interésate por sus problemas, por sus matrimonios, por sus hijas o hijos, por todo lo que pasa en sus vidas...

Cuando eres un/a mentor/a, cuando eres alguien que se desvive por su equipo, se nota y sobre todo, ellos sienten que formas parte importante en su vida, que formas parte de su familia, de su tribu, de su clan de iguales.

El Premio Tangible Inmediato

Esta es la razón de por qué se han creado los premios en los negocios multinivel y en los diferentes negocios de afiliados.

Los premios te permiten mantenerte fidelizado, mantener la ilusión de que si llegas a un rango o un objetivo, vas a lograr un premio tangible.

También son muy útiles para controlar la frustración y para mejorar la necesidad de importancia y significado.

Si eres un/a buen/a patrocinador/a, un/a líder en tu equipo, recuerda reconocer, fidelizar, compartir y dar la importancia que se merece a cada uno de los miembros de tu equipo.

Recuerda que todos los seres humanos necesitamos sentirnos reconocidos, aunque sea por un pequeño paso, pero todo gran camino, toda gran carrera se inicia con un primer paso.

Así que siempre es importante valorar a todas esas personas,

Vende el por qué, no el qué ni el cómo

Recuerda el porqué que te mueve, el por qué estás hoy aquí, por qué desarrollas un negocio multinivel, por qué estás creando un equipo, qué es lo que te mueve...

Es fundamental, así como tienes un objetivo, que sepas realmente cuál es tu motor, qué es lo que haces, cómo lo haces y por qué lo haces.

Es fundamental que lo tengas claro, que lo tengas escrito en tu bitácora, porque así te va a ser mucho más fácil recorrer todo el camino.

Si tienes las indicaciones de qué haces, cómo lo haces, por qué lo haces, si ya tienes tus objetivos, podrás establecer una línea desde el punto A, que es donde estás, hasta el punto B o el C o el D, que es la meta que te has propuesto.

Recuerda el valor de ahorrar energía

Recuerda el valor del apalancamiento.

Recuerda el valor de liderar y delegar.

Recuerda que hay personas que forman parte de tu equipo que estarán encantadas de ayudarte a impactar otras vidas, de entrenarse porque son personas que quieren ser como tú, que quieren lograr tus resultados y quieren hoy, mañana o pasado, vivir lo que tú estás viviendo.

Tener resultados en los negocios multinivel es posible, es posible vender sin vender y todo está basado en estos tips que te acabo de compartir.

REFLEXIONES FINALES

Bueno, querido/a lector/a, para mí ha sido realmente maravillosa esta experiencia de poderte compartir estos consejos para que logres tus objetivos a través del desarrollo sostenible y consciente de tu negocio multinivel.

Gracias por confiar en mí para descubrir qué debes hacer para aumentar tu posicionamiento y generar confianza y deseo en la mente de las personas, acerca de lo que tienes para ayudarles y que estas acepten y te "adopten" como uno más en su familia, en su tribu.

Quiero agradecerte el hecho de que hayas leído este libro y deseo que aproveches al máximo toda la Información que he compartido contigo y que fluyas.

Que realmente te atrevas a ir por tus sueños, que marques tus objetivos, que seas consciente del punto donde te encuentras y que marques la bitácora, la línea que vas a seguir para lograr tus resultados.

Así que la pelota está en tu tejado y solo tú tienes el poder de decisión.

Todo lo que empiece a acontecer de ahora en adelante, es el resultado que tú has decidido que sea.

Nos vemos pronto, en un próximo libro y gracias de todo corazón.

Aplausos para ti y te deseo el mayor de los Éxitos que desde ya te está llegando.

Tu amlgo,

Rixio Abreu

RECURSOS Y LINKS DE INTERÉS

Otras obras del autor

Puedes leerlo en:

https://www.amazon.com/dp/B06X93Z6M2

Made in the USA
San Bernardino, CA
28 November 2017